Die Singende Möwe: Zweisprachige Englisch-Deutsche Geschichten

My Pommeline

Published by My Pommeline, 2024.

While every precaution has been taken in the preparation of this book, the publisher assumes no responsibility for errors or omissions, or for damages resulting from the use of the information contained herein.

DIE SINGENDE MÖWE: ZWEISPRACHIGE ENGLISCH-DEUTSCHE GESCHICHTEN

First edition. October 19, 2024.

Copyright © 2024 My Pommeline.

ISBN: 979-8227457615

Written by My Pommeline.

Table of Contents

The Day Granny Won a Gold Medal

It was a bright Saturday morning in the small village of Willowbrook, where the annual Community Sports Day was about to begin. Families were bustling about, carrying picnic baskets, setting up folding chairs, and lining the track. Among the sea of eager participants, Granny Mildred sat quietly on a bench, knitting away, seemingly uninterested in the excitement around her. At 75 years old, Granny had always been content with her peaceful life, baking cookies, gardening, and spoiling her grandchildren.

Her grandson, Tommy, tugged at his mother's sleeve. "Mum, why doesn't Granny ever join in the fun? Everyone else's grandparents are doing something."

Tommy's mum, Emily, smiled and glanced at her mother, who was humming a soft tune while working on her latest knitting project. "Oh, darling, your Granny's had her time in the spotlight. She's happy just watching."

Tommy scrunched his nose. "But Granny never tells us about her past. I bet she was never even in a race!"

"Oh, you'd be surprised," Emily replied, chuckling.

But Tommy didn't seem convinced. "I bet Granny couldn't even run down the street," he muttered under his breath.

Little did anyone know, Granny Mildred was hiding something incredible—a secret that was about to change everything.

The sports event kicked off with the children's races, and Tommy was eager to win. He ran as fast as he could, but came in second. "Oh well," he said, slightly disappointed, but he cheered up quickly when he saw the adults gearing up for the races.

Next up was the "Over 60s Dash," a short but thrilling race for the older generation. It was mostly a fun race, with people walking or lightly jogging their way to the finish line, laughing and waving at the crowd.

Suddenly, a voice on the loudspeaker announced, "We have a last-minute entry for the Over 60s Dash... Mildred Thompson!"

Tommy's jaw dropped. "Granny?!"

Everyone turned to look at Granny, who stood up from her bench, dusted off her floral dress, and tied a scarf around her head. She handed her knitting to Emily, who looked just as shocked as the rest of the crowd.

"Are you sure about this, Mum?" Emily asked, raising an eyebrow.

Granny gave a mischievous grin. "Why not? I could use a bit of exercise." She winked at Tommy, whose eyes were as wide as saucers.

As Granny made her way to the starting line, whispers rippled through the crowd.

"Is she serious?"

"She hasn't run in years, has she?"

"I didn't even know she could walk that fast, let alone run!"

But Granny didn't pay attention to the murmurs. She stretched her arms and legs, adjusting her shoes, as if she had done this a thousand times before. The other participants gave her polite smiles, but no one thought she stood a chance.

The starting whistle blew, and the race began.

To everyone's astonishment, Granny Mildred didn't just jog. She sprinted. With every step, she moved faster and faster, leaving the other competitors far behind. Her legs were a blur of motion, and her arms pumped with precision and strength. The crowd gasped in disbelief. No one had ever seen anything like it.

Tommy stood frozen, his mouth hanging open. "Is... is that really Granny?"

Within seconds, Granny crossed the finish line, a full 30 meters ahead of anyone else. She didn't even break a sweat. The crowd erupted into cheers and applause.

"Mildred Thompson has won the gold medal!" the announcer shouted, his voice filled with amazement.

Granny strolled over to receive her medal, a small golden disc hung around her neck. She waved to the crowd with a smile, as if it was the most natural thing in the world.

Tommy ran over, his face flushed with excitement. "Granny! How did you do that? Where did you learn to run like that?"

Granny chuckled, patting Tommy on the head. "Well, dear, I suppose I never told you. Back in my younger days, I was a sprinter. Not just any sprinter—I was one of the fastest in the country. I even went to the national championships. But that was a long time ago."

Tommy stared at her in awe. "You were a world-class athlete?! Why didn't you ever tell us?"

Granny shrugged, her eyes twinkling. "No one ever asked."

Emily joined them, still holding Granny's knitting. "Mum, I can't believe it! Why did you stop running?"

Granny's smile softened. "Life happened, darling. I got married, had a family, and running didn't seem as important anymore. But I've always kept it up, just a little bit, for fun. You never know when it might come in handy."

The rest of the day, Granny's gold medal shone brightly as she walked around the park, accepting congratulations from the astonished villagers. She seemed to enjoy the attention, but never once bragged about her victory. To her, it was just another day.

Later, as the sun began to set, Tommy sat beside Granny on the bench. "Granny, I'm sorry I thought you couldn't run. I didn't know you were so cool."

Granny laughed and gave Tommy a gentle hug. "Oh, Tommy, never underestimate anyone, especially not someone older. We've all lived a lot of life, and you never know what surprises we might have up our sleeves."

Tommy grinned. "Does that mean you've got more secret talents?"

Granny winked. "Maybe. But that's for me to know and for you to find out."

From that day on, Granny Mildred became the village legend. People of all ages stopped by to chat with her, and she always had a kind word or a funny story to share. Tommy, of course, never looked at his granny the same way again. She was more than just his cookie-baking, scarf-knitting grandmother—she was a champion, a secret superhero with hidden talents.

And as for Granny, well, she enjoyed her gold medal, but she was happiest knowing that her family, especially Tommy, had learned one very important lesson: never judge a book by its cover, and never underestimate someone just because they've got a few more years under their belt.

Granny Mildred had shown them all that age was just a number, and that some people, no matter how old, never really slow down.

Der Tag, an dem Oma eine Goldmedaille gewann

Es war ein heller Samstagmorgen im kleinen Dorf Willowbrook, wo der jährliche Gemeindesporttag kurz bevorstand. Die Familien waren beschäftigt, picknickkörbe zu tragen, Klappstühle aufzustellen und die Bahn zu markieren. Inmitten des Meeres von eifrigen Teilnehmern saß Oma Mildred ruhig auf einer Bank und strickte, scheinbar desinteressiert an der Aufregung um sie herum. Mit 75 Jahren war Oma immer mit ihrem ruhigen Leben zufrieden gewesen, sie buk Kekse, gärtnete und verwöhnte ihre Enkelkinder.

Ihr Enkel Tommy zupfte an der Bluse seiner Mutter. „Mama, warum macht Oma nie bei dem Spaß mit? Die Großeltern aller anderen machen etwas."

Tommys Mutter, Emily, lächelte und warf einen Blick auf ihre Mutter, die eine sanfte Melodie vor sich hin summte, während sie an ihrem neuesten Strickprojekt arbeitete. „Oh, Liebling, deine Oma hatte ihre Zeit im Rampenlicht. Sie ist glücklich, nur zuzusehen."

Tommy wrinkelte die Nase. „Aber Oma erzählt uns nie von ihrer Vergangenheit. Ich wette, sie hat nicht einmal an einem Rennen teilgenommen!"

„Oh, du würdest überrascht sein," antwortete Emily und lachte.

Aber Tommy schien nicht überzeugt. „Ich wette, Oma könnte nicht einmal die Straße runter laufen," murmelte er leise.

Doch niemand ahnte, dass Oma Mildred etwas Unglaubliches verbarg – ein Geheimnis, das alles verändern würde.

Die Sportveranstaltung begann mit den Kinderläufen, und Tommy war begierig darauf zu gewinnen. Er rannte so schnell er konnte, kam aber als Zweiter ins Ziel. „Na gut," sagte er, leicht enttäuscht, aber er hellte sich schnell auf, als er sah, dass sich die Erwachsenen für die Rennen bereit machten.

Als Nächstes war der „60+ Sprint" an der Reihe, ein kurzes, aber aufregendes Rennen für die ältere Generation. Es war größtenteils ein Spaßrennen, bei dem die Leute gingen oder leicht joggten, während sie zur Ziellinie liefen, lachten und in die Menge winkten.

Plötzlich kündigte eine Stimme über das Mikrofon an: „Wir haben einen Last-Minute-Teilnehmer für den 60+ Sprint... Mildred Thompson!"

Tommy klappte der Mund auf. „Oma?!"

Alle drehten sich zu Oma um, die von ihrer Bank aufstand, ihr Blumenkleid abklopfte und ein Tuch um ihren Kopf band. Sie gab Emily, die genauso schockiert war wie der Rest der Menge, ihr Strickzeug.

„Bist du dir sicher, Mama?" fragte Emily und hob eine Augenbraue.

Oma grinste schelmisch. „Warum nicht? Ich könnte etwas Bewegung gebrauchen." Sie zwinkerte Tommy zu, dessen Augen so groß wie Teller waren.

Als Oma zur Startlinie ging, flüsterten die Leute in der Menge.

„Meint sie das ernst?"

„Sie ist seit Jahren nicht mehr gelaufen, oder?"

„Ich wusste nicht einmal, dass sie so schnell laufen kann, geschweige denn rennen!"

Aber Oma ließ sich von den Murmeln nicht ablenken. Sie dehnte Arme und Beine und zog ihre Schuhe an, als hätte sie das schon tausendmal gemacht. Die anderen Teilnehmer schenkten ihr höfliche Lächeln, aber niemand glaubte, dass sie eine Chance hatte.

Der Startpfiff ertönte, und das Rennen begann.

Zu jedermanns Erstaunen joggte Oma Mildred nicht nur. Sie sprintete. Mit jedem Schritt wurde sie schneller und schneller und ließ die anderen Wettbewerber weit hinter sich. Ihre Beine waren ein verschwommenes Bild in Bewegung, und ihre Arme schwangen präzise und kraftvoll. Die Menge keuchte vor Unglauben. So etwas hatte noch niemand gesehen.

Tommy stand wie erstarrt da, der Mund offen. „Ist... ist das wirklich Oma?"

Innerhalb von Sekunden überquerte Oma die Ziellinie, volle 30 Meter vor den anderen. Sie schwitzte nicht einmal. Die Menge brach in Jubel und Applaus aus.

„Mildred Thompson hat die Goldmedaille gewonnen!" rief der Ansager, seine Stimme voller Staunen.

Oma ging lässig zu ihrem Medaillenempfang, ein kleiner goldener Diskus hing um ihren Hals. Sie winkte der Menge mit einem Lächeln zu, als wäre es das Natürlichste der Welt.

Tommy rannte herüber, sein Gesicht leuchtete vor Aufregung. „Oma! Wie hast du das gemacht? Wo hast du gelernt, so zu laufen?"

Oma lachte und streichelte Tommy über den Kopf. „Nun, mein Lieber, ich schätze, ich habe es dir nie erzählt. In meiner jüngeren Zeit war ich Sprinterin. Nicht irgendeine Sprinterin – ich war eine der schnellsten im Land. Ich war sogar bei den nationalen Meisterschaften. Aber das ist schon lange her."

Tommy starrte sie in Ehrfurcht an. „Du warst eine weltklasse Athletin?! Warum hast du uns das nie erzählt?"

Oma zuckte mit den Schultern, ihre Augen funkelten. „Niemand hat jemals gefragt."

Emily gesellte sich zu ihnen, immer noch Omas Strickzeug haltend. „Mama, ich kann es nicht glauben! Warum hast du aufgehört zu laufen?"

Omas Lächeln wurde sanft. „Das Leben geschah, Liebling. Ich habe geheiratet, eine Familie gegründet, und das Laufen schien nicht mehr so wichtig zu sein. Aber ich habe es immer ein bisschen für den Spaß beibehalten. Man weiß nie, wann es nützlich sein könnte."

Den Rest des Tages strahlte Omas Goldmedaille hell, während sie durch den Park spazierte und Glückwünsche von den erstaunten Dorfbewohnern entgegennahm. Sie schien die Aufmerksamkeit zu genießen, prahlte jedoch kein einziges Mal mit ihrem Sieg. Für sie war es einfach ein weiterer Tag.

Später, als die Sonne zu sinken begann, saß Tommy neben Oma auf der Bank. „Oma, es tut mir leid, dass ich dachte, du könntest nicht laufen. Ich wusste nicht, dass du so cool bist."

Oma lachte und gab Tommy eine sanfte Umarmung. „Oh, Tommy, unterschätze niemals jemanden, vor allem nicht jemanden älteren. Wir haben alle viel Leben gelebt, und du weißt nie, welche Überraschungen wir im Ärmel haben."

Tommy grinste. „Bedeutet das, dass du noch mehr geheime Talente hast?"

Oma zwinkerte. „Vielleicht. Aber das ist mein Geheimnis, und du musst es herausfinden."

Von diesem Tag an wurde Oma Mildred zur Legende des Dorfes. Menschen jeden Alters hielten an, um mit ihr zu plaudern, und sie hatte immer ein freundliches Wort oder eine lustige Geschichte zu erzählen. Tommy sah seine Oma natürlich nie wieder auf die gleiche Weise. Sie war mehr als nur seine Kekse backende, Schals strickende Großmutter – sie war eine Meisterin, eine geheime Superheldin mit verborgenen Talenten.

Und was Oma betrifft, nun, sie genoss ihre Goldmedaille, aber am glücklichsten war sie, zu wissen, dass ihre Familie, besonders Tommy, eine sehr wichtige Lektion gelernt hatte: Urteile niemals über ein Buch nach seinem Einband, und unterschätze niemals jemanden nur, weil er ein paar Jahre älter ist.

Oma Mildred hatte ihnen allen gezeigt, dass das Alter nur eine Zahl ist und dass manche Menschen, egal wie alt sie sind, niemals wirklich langsamer werden.

The Terrible Two-Ton Turnip

Once upon a time, in a small village nestled deep in the countryside, there lived a mischievous farmer named Mr. Tuttle. He was known throughout the land for his wild experiments with crops. His farm, Tuttle's Patch, was famous for producing the most peculiar vegetables—carrots as long as broomsticks, potatoes the size of pumpkins, and peas that glowed in the dark. But nothing, absolutely nothing, could compare to the disaster that began with the terrible two-ton turnip.

It all started one sunny morning when Mr. Tuttle, with a sly grin on his face, pulled out a packet of special turnip seeds he had ordered from a mysterious man at the market. The man had promised that these seeds would grow the largest vegetables anyone had ever seen.

"Oh, this'll be brilliant!" Mr. Tuttle chuckled, rubbing his hands together. He loved nothing more than causing a stir in the village. "The biggest turnip in the world! I'll be famous!"

He planted the seeds in the middle of his field, watered them carefully, and waited. And waited. And waited. Days passed, then weeks. Just when Mr. Tuttle thought his precious seeds might be duds, the ground began to rumble. A tiny green sprout poked through the soil, but it didn't stay tiny for long.

By the end of the first week, the turnip was the size of a wheelbarrow. By the second week, it was as big as a shed. By the third week, it was enormous—a monstrous, purple-skinned behemoth that towered over the entire village. People could see the top of the turnip from miles away.

"Good gracious!" gasped the mayor, staring up at the vegetable giant. "That's not a turnip—that's a mountain!"

But the turnip wasn't just large—it was alive. It creaked and groaned as it continued to grow, its roots twisting like giant snakes beneath the ground. The roots spread out under the village, cracking roads and lifting houses off their foundations. People started to panic.

"Help! My cottage is tipping over!" cried old Mrs. Figg as her house leaned dangerously to one side, propped up by a massive turnip root.

"I can't open my shop door!" wailed Mr. Crumb, the baker. The roots had wound themselves tightly around the doorframe, trapping him inside.

The entire village was in chaos. The terrible two-ton turnip was causing utter destruction. But the person who was the most delighted of all was, of course, Mr. Tuttle. He stood at the edge of his field, laughing uproariously.

"Oh, this is marvelous! What a sight! I'll go down in history as the man who grew the biggest turnip the world has ever seen!"

However, Mr. Tuttle's children, Tilly and Toby, were not as amused. Tilly, a sharp, clever girl of eleven, crossed her arms and scowled at her father. "This isn't funny, Dad. Look what you've done!"

Toby, who was eight and always full of ideas, tugged on his father's sleeve. "Dad, you've got to stop it! It's going to swallow up the whole village!"

But Mr. Tuttle was too busy laughing to listen. "Nonsense, nonsense! It's just a bit of fun!"

Tilly and Toby exchanged worried glances. Someone had to do something, and they knew it wasn't going to be their father.

That night, while Mr. Tuttle snored loudly in his armchair, the two children sat in their room, brainstorming ideas.

"We need to get rid of that turnip, and fast," Tilly said, pacing back and forth. "But how do you even pull up a turnip that big?"

Toby's eyes suddenly lit up. "I've got it! We'll need help... a lot of help."

The next morning, the children gathered all the villagers together. "We have a plan to stop the turnip, but we'll need everyone's help," Tilly announced confidently.

The villagers, desperate to save their homes, agreed to do whatever it took.

First, Tilly and Toby led the villagers to the turnip field. They formed a long line, each person grabbing onto the one in front of them. At the front of the line stood Tilly, holding the thick, twisted stem of the gigantic turnip.

"Ready?" she called out.

"Ready!" the villagers shouted back.

"Pull!" Tilly yelled.

Everyone heaved with all their might. The ground rumbled and groaned, but the turnip didn't budge.

"We're going to need more strength," Tilly said, wiping her brow.

Toby scratched his head, thinking hard. Then, with a grin, he ran to the nearby farm and returned with every animal they could find. There were cows, horses, pigs, and even a few stubborn goats. They tied ropes to the turnip and got the animals ready to pull.

"Alright, everyone, this time it's going to work!" Toby shouted.

With one final command, the villagers and animals pulled together. The ground shook even harder, and suddenly, with a loud POP, the terrible two-ton turnip ripped out of the earth, flying into the air.

The villagers stared in disbelief as the massive vegetable sailed through the sky, over the hills, and disappeared with a distant thud.

The village was saved! People cheered, clapping each other on the back and hugging in relief. The twisted roots began to shrink back into the ground, and houses that had been tipped on their sides slowly settled back into place.

As the villagers celebrated, Mr. Tuttle finally woke up from his nap. He stretched and looked around, confused. "What's all the commotion about?"

"Dad," Tilly said, shaking her head, "we got rid of your giant turnip. It was going to destroy the whole village."

Mr. Tuttle blinked, a bit dazed. "Oh... well, that's good, then, isn't it?"

Toby couldn't help but laugh. "Next time, Dad, maybe stick to regular-sized vegetables."

Mr. Tuttle scratched his head, grinning sheepishly. "Perhaps you're right, son."

From that day on, Mr. Tuttle promised to stick to more reasonable gardening experiments. The villagers returned to their peaceful lives, and every now and then, someone would joke about the time a two-ton turnip nearly destroyed the village.

As for Tilly and Toby, they became local heroes, known for their quick thinking and teamwork. And Mr. Tuttle, though mischievous as ever, never underestimated the importance of a clever plan—or the strength of working together—ever again.

Die Furchtbare Zwei Tonnen Rübe

Es war einmal, in einem kleinen Dorf, das tief auf dem Land lag, ein schelmischer Bauer namens Herr Tuttle. Er war im ganzen Land bekannt für seine wilden Experimente mit Pflanzen. Seine Farm, Tuttle's Patch, war berühmt dafür, die seltsamsten Gemüse zu produzieren – Karotten so lang wie Besenstiele, Kartoffeln so groß wie Kürbisse und Erbsen, die im Dunkeln leuchteten. Aber nichts, absolut nichts, konnte mit dem Desaster verglichen werden, das mit der furchtbaren zweitonnen Rübe begann.

Alles begann an einem sonnigen Morgen, als Herr Tuttle, mit einem schelmischen Grinsen im Gesicht, ein Päckchen spezieller Rübsamen aus einem geheimnisvollen Laden auf dem Markt zog. Der Mann hatte versprochen, dass diese Samen die größten Gemüse wachsen lassen würden, die jemals jemand gesehen hatte.

„Oh, das wird brillant!" lachte Herr Tuttle und rieb sich die Hände. Nichts liebte er mehr, als im Dorf für Aufregung zu sorgen. „Die größte Rübe der Welt! Ich werde berühmt sein!"

Er pflanzte die Samen mitten in sein Feld, goss sie sorgfältig und wartete. Und wartete. Und wartete. Tage vergingen, dann Wochen. Gerade als Herr Tuttle dachte, seine kostbaren Samen könnten Schrott sein, begann der Boden zu rumoren. Ein winziger grüner Sprössling brach durch die Erde, blieb aber nicht lange klein.

Am Ende der ersten Woche war die Rübe so groß wie eine Schubkarre. In der zweiten Woche war sie so groß wie ein Schuppen. In der dritten Woche war sie riesig – ein monströser, purpurfarbener Koloss, der über das gesamte Dorf ragte. Die Leute konnten die Spitze der Rübe schon von weitem sehen.

„Gott im Himmel!" keuchte der Bürgermeister und starrte auf das Gemüse-Gigant. „Das ist keine Rübe – das ist ein Berg!"

Aber die Rübe war nicht nur groß – sie war lebendig. Sie knarrte und stöhnte, während sie weiter wuchs, und ihre Wurzeln wanden sich wie riesige Schlangen unter dem Boden. Die Wurzeln breiteten sich unter dem Dorf aus, rissen Straßen auf und hoben Häuser von ihren Fundamenten. Die Leute begannen in Panik zu geraten.

„Hilfe! Mein Häuschen kippt um!" rief die alte Mrs. Figg, während ihr Haus gefährlich zur Seite kippte, gestützt von einer massiven Rübenwurzel.

„Ich kann die Tür zu meinem Laden nicht öffnen!" jammerte Herr Crumb, der Bäcker. Die Wurzeln hatten sich fest um den Türrahmen gewickelt und ihn eingesperrt.

Das ganze Dorf war im Chaos. Die furchtbare zweitonnen Rübe verursachte völlige Zerstörung. Aber die Person, die am meisten erfreut war, war natürlich Herr Tuttle. Er stand am Rand seines Feldes und lachte schallend.

„Oh, das ist wunderbar! Was für ein Anblick! Ich werde in die Geschichte eingehen als der Mann, der die größte Rübe der Welt angebaut hat!"

Doch die Kinder von Herrn Tuttle, Tilly und Toby, waren nicht so amüsiert. Tilly, ein scharfer, cleverer Junge von elf Jahren, verschränkte die Arme und sah ihren Vater finster an. „Das ist nicht lustig, Dad. Schau, was du angerichtet hast!"

Toby, der acht war und immer voller Ideen steckte, zupfte an der Jacke seines Vaters. „Dad, du musst das aufhalten! Die wird das ganze Dorf verschlucken!"

Aber Herr Tuttle lachte nur weiter und hörte nicht zu. „Unsinn, Unsinn! Es ist nur ein bisschen Spaß!"

Tilly und Toby schauten sich besorgt an. Jemand musste etwas unternehmen, und sie wussten, dass es nicht ihr Vater sein würde.

In dieser Nacht, während Herr Tuttle laut schnarchte, saßen die beiden Kinder in ihrem Zimmer und überlegten, was sie tun könnten.

„Wir müssen diese Rübe loswerden, und zwar schnell", sagte Tilly und lief auf und ab. „Aber wie zieht man überhaupt eine Rübe in dieser Größe heraus?"

Tobys Augen leuchteten plötzlich auf. „Ich hab's! Wir brauchen Hilfe... viel Hilfe."

Am nächsten Morgen versammelten die Kinder alle Dorfbewohner. „Wir haben einen Plan, um die Rübe zu stoppen, aber wir brauchen die Hilfe von allen", kündigte Tilly selbstbewusst an.

Die Dorfbewohner, die verzweifelt ihre Häuser retten wollten, stimmten zu, alles zu tun, was nötig war.

Zuerst führten Tilly und Toby die Dorfbewohner zu dem Rübenfeld. Sie bildeten eine lange Reihe, wobei jeder die Person vor sich festhielt. Vorne in der Reihe stand Tilly und hielt den dicken, verdrehten Stängel der riesigen Rübe.

„Bereit?" rief sie.

„Bereit!" riefen die Dorfbewohner zurück.

„Ziehen!" schrie Tilly.

Alle zogen mit all ihrer Kraft. Der Boden rumorte und stöhnte, aber die Rübe rührte sich nicht.

„Wir brauchen mehr Kraft", sagte Tilly und wischte sich die Stirn.

Toby kratzte sich am Kopf und dachte angestrengt nach. Dann, mit einem Grinsen, lief er zu dem nahegelegenen Bauernhof und kam mit allen Tieren zurück, die er finden konnte. Es waren Kühe, Pferde, Schweine und sogar ein paar störrische Ziegen. Sie banden Seile an die Rübe und machten die Tiere bereit, zu ziehen.

„Okay, alle zusammen, diesmal wird es klappen!" rief Toby.

Mit einem letzten Befehl zogen die Dorfbewohner und die Tiere gemeinsam. Der Boden bebte noch stärker, und plötzlich, mit einem lauten PLOPP, riss die furchtbare zweitonnen Rübe aus der Erde und flog in die Luft.

Die Dorfbewohner starrten ungläubig, als das massive Gemüse durch den Himmel segelte, über die Hügel und mit einem entfernten Knall verschwand.

Das Dorf war gerettet! Die Leute jubelten, klopften sich gegenseitig auf den Rücken und umarmten sich vor Erleichterung. Die verdrehten Wurzeln begannen, sich wieder in den Boden zurückzuziehen, und die Häuser, die auf die Seite gekippt waren, richteten sich langsam wieder auf.

Während die Dorfbewohner feierten, wachte Herr Tuttle endlich aus seinem Nickerchen auf. Er streckte sich und schaute verwirrt umher. „Was ist hier für ein Aufruhr?"

„Dad", sagte Tilly und schüttelte den Kopf, „wir haben deine riesige Rübe losgeworden. Sie hätte das ganze Dorf zerstört."

Herr Tuttle blinzelte, etwas benommen. „Oh... nun, das ist ja gut, oder?"

Toby konnte sich ein Lachen nicht verkneifen. „Das nächste Mal, Dad, vielleicht solltest du bei Gemüse in normaler Größe bleiben."

Herr Tuttle kratzte sich am Kopf und grinste verlegen. „Vielleicht hast du recht, Sohn."

Von diesem Tag an versprach Herr Tuttle, bei vernünftigeren Gartenexperimenten zu bleiben. Die Dorfbewohner kehrten zu ihrem friedlichen Leben zurück, und hin und wieder machte jemand einen Scherz über die Zeit, als eine zweitonnen Rübe das Dorf fast zerstörte.

Was Tilly und Toby anging, sie wurden zu lokalen Helden, bekannt für ihr schnelles Denken und Teamarbeit. Und Herr Tuttle, so schelmisch wie eh und je, unterschätzte nie wieder die Wichtigkeit eines cleveren Plans – oder die Kraft des gemeinsamen Handelns.

The Singing Seagull

High up in the clouds, above a quaint little seaside town, lived a very special seagull named Seren. Seren wasn't like the other seagulls that swooped and squawked along the shore, pecking at scraps and soaring with the wind. No, Seren had a secret talent—she loved to sing. And not just any kind of singing. Seren could sing like no seagull had ever sung before.

Her voice was bright and clear, filling the skies with beautiful melodies that drifted down to the town below. Every morning, as the sun rose and painted the sea with gold, Seren would perch on the highest rock by the shore and sing her heart out.

"Ooooh, the waves are dancing, the boats are swaying,

the winds are whispering, and the fish are playing!"

The fishermen smiled as they mended their nets. The shopkeepers hummed as they opened their stalls. And the children, well, they would gather on the beach, sitting cross-legged in the sand, their eyes wide with wonder, as Seren's lovely tunes filled the air.

The seaside town was a happy place, filled with the sounds of Seren's singing. But one day, trouble came to their shores in the form of a band of pirates.

Captain Grizzlebeard and his rough-and-tumble crew sailed their rickety ship into the harbor, flying their black flag high. The townsfolk watched in horror as the pirates dropped anchor and swaggered onto the dock, their boots thumping loudly on the wooden planks.

"Arrr! This be our town now!" Captain Grizzlebeard roared, his scraggly beard flapping in the wind. "We'll be taking all your gold, your food, and your treasures, or ye'll be sorry!"

The townsfolk trembled, unsure of what to do. They had never seen pirates before, and they certainly didn't know how to fight them off.

Seren, perched high on her rock, watched the scene unfold. Her heart sank. The happy little town was now in the hands of these terrible pirates. She knew she had to do something, but what could a little seagull do against a band of fierce pirates?

Then, an idea flickered in her mind, as bright as the morning sun. She might not have a sword or strength, but she had her voice. Maybe, just maybe, she could use her songs to save the town!

That evening, as the pirates set up camp on the beach, Seren flew down to a nearby rock and began to sing, her voice gentle and sweet, drifting through the salty air.

"Oooh, come close, come near, come gather around,

for the treasure ye seek is buried in the ground. "

The pirates froze, their ears pricking up at the sound of Seren's song.

"What's that?" one pirate muttered. "Is it a ghost?"

"Bah! That's no ghost," Captain Grizzlebeard growled, his eyes narrowing. "That's a seagull. But listen! She's talking about treasure!"

The pirates all leaned in, listening closely as Seren's voice continued to weave through the night.

"Down by the caves, where the seafoam flies,

there lies a chest full of glittering prize. "

Captain Grizzlebeard's eyes gleamed. "Treasure, ye say? In the caves by the shore? Arrr, lads, we've hit the jackpot!"

Without a second thought, the pirates grabbed their shovels and dashed toward the caves at the far end of the beach, eager to dig up the treasure Seren had sung about.

But, of course, there was no treasure in the caves—just cold, dark rocks and the sound of waves crashing against the walls.

Seren chuckled softly to herself. Her plan was working. She had sent the pirates on a wild goose chase, and now it was time to get the townsfolk together.

The next morning, Seren flew to the town square and perched on top of the fountain. She sang out a new song, her voice bright and clear, echoing through the streets.

"People of the town, don't be afraid,

for the pirates are fools, and they've been swayed.

Let's gather our courage, let's come up with a plan,

we'll outsmart these pirates, every woman and man! "

The townsfolk gathered below her, listening intently. They had always loved Seren's songs, but now they realized something else—her songs were more than just pretty melodies. They were full of clever ideas.

Together, led by Seren's music, the townsfolk began to devise a plan. The fishermen gathered ropes, the shopkeepers collected nets, and the children started making fake treasure chests filled with nothing but sand and seashells.

That evening, as the pirates returned from their fruitless search in the caves, they found shiny treasure chests waiting for them on the beach.

"Look! Treasure!" they cried, rushing over to the chests.

But the moment they opened the lids, nets flew up from the ground, wrapping around the pirates and trapping them in place. The townsfolk leaped out from their hiding spots, cheering and waving their ropes in the air.

"Gotcha!" they laughed.

Captain Grizzlebeard snarled, but there was nothing he could do. The townsfolk had outsmarted him with their clever tricks, all thanks to Seren and her songs.

As the sun set over the horizon, the pirates were marched back onto their ship, their heads hung low in defeat.

"Ye may have won this time, ye scallywags," Captain Grizzlebeard grumbled, "but we'll be back!"

Seren flew down from her perch and landed on the dock, puffing out her chest. "Not if I'm here to sing, you won't!"

The townsfolk erupted in laughter, and the pirates, grumbling and muttering, set sail into the night, never to return.

From that day on, Seren was hailed as the hero of the seaside town. The people built a special perch for her in the town square, where she would sing every morning and every evening, filling the town with music once again.

And the townsfolk, having learned the power of creativity and music, never underestimated the value of a good song—or a clever seagull—ever again.

Die Singende Möwe

Hoch oben in den Wolken, über einem malerischen kleinen Küstendorf, lebte eine ganz besondere Möwe namens Seren. Seren war nicht wie die anderen Möwen, die am Strand herumschwirrten und quakten, nach Essensresten pickten und mit dem Wind segelten. Nein, Seren hatte ein geheimes Talent—sie liebte es zu singen. Und nicht nur irgendeine Art von Gesang. Seren konnte singen wie keine Möwe zuvor.

Ihre Stimme war hell und klar, und füllte den Himmel mit wunderschönen Melodien, die hinunter zu dem Dorf unter ihr schwebten. Jeden Morgen, wenn die Sonne aufging und das Meer in Gold tauchte, setzte sich Seren auf den höchsten Felsen am Strand und sang ihr Herz aus.

"Ooooh, die Wellen tanzen, die Boote schaukeln,

die Winde flüstern und die Fische spielen!"

Die Fischer lächelten, während sie ihre Netze flickten. Die Ladenbesitzer summten, während sie ihre Stände öffneten. Und die Kinder, nun ja, sie versammelten sich am Strand, im Sand mit gekreuzten Beinen sitzend, mit großen Augen voller Staunen, während Seren's wunderschöne Melodien die Luft erfüllten.

Das Küstendorf war ein glücklicher Ort, gefüllt mit den Klängen von Seren's Gesang. Aber eines Tages kam Trouble in Form einer Bande von Piraten an ihre Küste.

Kapitän Grizzlebeard und seine raubeinige Crew segelten mit ihrem maroden Schiff in den Hafen, die schwarze Flagge hoch gehisst. Die

Dorfbewohner sahen entsetzt zu, als die Piraten den Anker warfen und über die Planken schlenderten, ihre Stiefel laut auf dem Holz knallend.

"Arrr! Dies ist jetzt unser Dorf!" brüllte Kapitän Grizzlebeard, sein struppiger Bart flatterte im Wind. "Wir nehmen all euer Gold, euer Essen und eure Schätze, oder ihr werdet es bereuen!"

Die Dorfbewohner zitterten, unsicher, was sie tun sollten. Sie hatten noch nie Piraten gesehen und wussten sicherlich nicht, wie sie sie vertreiben sollten.

Seren, hoch oben auf ihrem Felsen, beobachtete die Szene. Ihr Herz sank. Das fröhliche kleine Dorf war nun in den Händen dieser schrecklichen Piraten. Sie wusste, dass sie etwas tun musste, aber was konnte eine kleine Möwe gegen eine Bande wilder Piraten tun?

Dann blitze eine Idee in ihrem Kopf auf, so hell wie die Morgensonne. Sie hatte vielleicht kein Schwert oder Kraft, aber sie hatte ihre Stimme. Vielleicht, nur vielleicht, könnte sie ihre Lieder nutzen, um das Dorf zu retten!

In jener Nacht, während die Piraten am Strand ihr Lager aufschlugen, flog Seren auf einen nahegelegenen Felsen und begann zu singen, ihre Stimme sanft und süß, die durch die salzige Luft schwebte.

"Ooh, kommt näher, versammelt euch hier,

denn der Schatz, den ihr sucht, ist im Boden vergraben."

Die Piraten erstarrten, ihre Ohren zuckten bei dem Klang von Seren's Lied.

"Was ist das?" murmelte ein Pirat. "Ist das ein Geist?"

"Bah! Das ist kein Geist," knurrte Kapitän Grizzlebeard, seine Augen verengten sich. "Das ist eine Möwe. Aber hört! Sie spricht von einem Schatz!"

Die Piraten beugten sich alle vor und hörten aufmerksam zu, während Seren's Stimme weiterhin durch die Nacht schwebte.

"Unten bei den Höhlen, wo der Schaum des Meeres fliegt,

liegt eine Kiste voll glitzernder Preise. "

Kapitän Grizzlebeards Augen leuchteten. "Schatz, sagst du? In den Höhlen am Strand? Arrr, Jungs, wir haben den Jackpot!"

Ohne eine Sekunde zu zögern, schnappte sich die Piraten ihre Schaufeln und rasten zu den Höhlen am anderen Ende des Strandes, begierig darauf, den Schatz auszugraben, von dem Seren gesungen hatte.

Aber natürlich gab es keinen Schatz in den Höhlen—nur kalte, dunkle Steine und das Geräusch der Wellen, die gegen die Wände schlugen.

Seren kicherte leise vor sich hin. Ihr Plan funktionierte. Sie hatte die Piraten auf eine wilde Jagd geschickt, und nun war es Zeit, die Dorfbewohner zusammenzubringen.

Am nächsten Morgen flog Seren zum Dorfplatz und setzte sich auf den Brunnen. Sie sang ein neues Lied, ihre Stimme hell und klar, das durch die Straßen hallte.

"Leute des Dorfes, fürchtet euch nicht,

denn die Piraten sind Narren und sie sind verwirrt.

Lasst uns unseren Mut sammeln, lasst uns einen Plan schmieden,

wir werden diese Piraten überlisten, jede Frau und jeden Mann! "

Die Dorfbewohner versammelten sich unter ihr und hörten aufmerksam zu. Sie hatten Serens Lieder immer geliebt, aber nun erkannten sie etwas anderes—ihre Lieder waren mehr als nur schöne Melodien. Sie waren voll cleverer Ideen.

Gemeinsam, unter Serens Musik, begannen die Dorfbewohner einen Plan zu entwickeln. Die Fischer sammelten Seile, die Ladenbesitzer holten Netze und die Kinder begannen, falsche Schatztruhen zu basteln, gefüllt mit nichts als Sand und Muscheln.

In jener Nacht, als die Piraten von ihrer fruchtlosen Suche in den Höhlen zurückkehrten, fanden sie glitzernde Schatztruhen, die am Strand auf sie warteten.

"Schaut! Schatz!" riefen sie und eilten zu den Truhen.

Aber in dem Moment, als sie die Deckel öffneten, flogen Netze vom Boden hoch, wickelten sich um die Piraten und fesselten sie an Ort und Stelle. Die Dorfbewohner sprangen aus ihren Verstecken und jubelten, während sie ihre Seile in die Luft schwangen.

"Hab dich!" lachten sie.

Kapitän Grizzlebeard fletschte die Zähne, aber es gab nichts, was er tun konnte. Die Dorfbewohner hatten ihn mit ihren cleveren Tricks überlistet, alles dank Seren und ihren Liedern.

Als die Sonne über dem Horizont unterging, wurden die Piraten zurück zu ihrem Schiff marschiert, ihre Köpfe in Niederlage gesenkt.

"Ihr habt vielleicht dieses Mal gewonnen, ihr Landratten," murmelte Kapitän Grizzlebeard, "aber wir kommen zurück!"

Seren flog von ihrem Platz herunter und landete auf dem Dock, stolz ihre Brust herausstreckend. "Nicht, wenn ich hier bin, um zu singen!"

Die Dorfbewohner brachen in Gelächter aus, und die Piraten, murrend und grummelnd, setzten die Segel in die Nacht, ohne jemals zurückzukehren.

Von diesem Tag an wurde Seren als die Heldin des Küstendorfes gefeiert. Die Menschen bauten einen speziellen Platz für sie auf dem Dorfplatz, wo sie jeden Morgen und jeden Abend sang und das Dorf wieder mit Musik erfüllte.

Und die Dorfbewohner, die die Macht der Kreativität und Musik gelernt hatten, unterschätzten nie wieder den Wert eines guten Liedes—oder einer cleveren Möwe.

The Boy Who Could Paint Dreams

Once upon a time, in a small, quiet town nestled between rolling hills and whispering trees, lived a boy named Oliver. He wasn't like most children who spent their days running through the fields or climbing trees. Oliver preferred to sit on his bedroom floor, surrounded by jars of paint and a blank canvas, where he would spend hours lost in his own world, painting. His brush danced with vibrant colors, swirling blues, brilliant yellows, and deep greens that seemed to breathe with life.

Oliver had always loved to paint. But one night, something magical happened—something that would change his life forever.

It all began with a dream.

One evening, after finishing a painting of a magnificent golden tree with shimmering leaves, Oliver climbed into bed, his mind still filled with the colors of his latest creation. As soon as he drifted into sleep, he found himself standing in the middle of a vast, dreamlike forest. He looked around in awe—there, towering above him, was the golden tree he had painted earlier that day. Its leaves rustled gently in the breeze, glowing with a soft, warm light.

"This... this is impossible," Oliver whispered, reaching out to touch one of the glowing branches. But it wasn't impossible at all. His painting had come to life, right here in his dream.

As Oliver wandered through the dream forest, he began to notice something even stranger. Every painting he had ever made—every landscape, every creature, every whimsical character—was alive and moving around him. The creatures he had once sketched as idle doodles now darted past him, and the landscapes he had brushed into existence stretched out before him, endless and wild.

Suddenly, a soft voice called out from behind him.

"Welcome, Oliver."

He turned to see a figure emerging from the shadows of the forest. It was a young girl with flowing silver hair and a kind smile. She seemed familiar, and Oliver quickly realized why—she was one of the characters he had painted months ago, a figure who lived in a world filled with waterfalls and glowing flowers.

"Who are you?" Oliver asked, though he already knew.

The girl smiled gently. "I'm Liora, from the land of the glowing flowers. You painted me, remember?"

Oliver nodded, still in awe. "But how is this possible? How can you be here?"

Liora stepped closer, her silver hair shimmering like moonlight. "Everything you paint comes to life in this dream world. Your imagination has given it form, and your dreams have given it a place to exist."

Oliver's heart raced with excitement. He had always imagined worlds beyond his own, but to think that they had been living and breathing in his dreams all along was more than he had ever hoped for.

"Come with me," Liora said, holding out her hand. "There's something I want to show you."

Together, they walked through the glowing forest until they reached a hill overlooking a valley. Oliver gasped in wonder. Below them stretched a magnificent landscape—a patchwork of every world he had ever painted. There were towering mountains covered in snow, crystal-clear lakes that shimmered like glass, fields of flowers that seemed to hum with life, and skies painted with the softest hues of pink and lavender.

"This is your world, Oliver," Liora said softly. "A world born from your imagination. It exists because of you."

Oliver stared at the breathtaking view, his mind swirling with possibilities. But then a thought struck him—a worry that tugged at his heart.

"What if I paint something bad?" he asked quietly. "Something scary or dangerous?"

Liora turned to him, her expression gentle but serious. "Dreams are powerful, Oliver. They can bring both hope and fear. But you are the painter, and you decide what you create. You have the power to shape this world, for good or for ill."

Oliver thought about this for a long moment. He had always painted happy things—bright skies, friendly animals, peaceful landscapes. But now that he knew his creations could come to life, the responsibility felt so much heavier.

Liora must have sensed his hesitation, for she placed a hand on his shoulder. "The world you paint here can bring hope to others, just as it has brought hope to me. Don't be afraid of your imagination. Use it to dream, to create, and to share."

That night, when Oliver woke from his dream, he felt different. Lighter, somehow, as if he had discovered something important about himself. He spent the entire day painting, but this time, with a new sense of purpose. He painted a ship with bright, billowing sails, a peaceful village by the sea, and a sky filled with stars so bright they looked like diamonds scattered across the heavens.

And every night, when Oliver closed his eyes and drifted into sleep, he would find himself in that world once again, sailing across the dream sea in his painted ship, meeting characters he had once only imagined. There was Max, the kind-hearted bear from the forest of tall trees, and Fira, the tiny firefly who guided him through dark caves. Together, they would explore the lands he had created, and every journey brought new discoveries.

One evening, while sailing through the clouds on a ship made of stars, Oliver met someone new. He was a tall, lanky figure with eyes that sparkled like the night sky. His name was Alder, and he was the guardian of the dream world.

"I've been watching you, Oliver," Alder said with a knowing smile. "Your paintings have brought light to many dark corners of this world. But there's still more to do."

Oliver tilted his head curiously. "What do you mean?"

Alder gestured to the horizon, where distant mountains loomed. "There are parts of this world that are still unfinished—places that need your imagination to bring them to life. You have a gift, Oliver. A gift that can bring hope not only to this dream world but to others, too."

Oliver thought for a moment. He had always painted for himself, for the joy of creating something beautiful. But now he realized that his paintings could do more than just exist—they could inspire, bring joy, and offer hope to those who needed it.

With Alder's words echoing in his mind, Oliver returned to his canvas the next morning, determined to paint not just for himself but for others. He painted worlds filled with kindness, courage, and wonder. He painted skies that stretched on forever and paths that led to places where anything was possible.

And in the dream world, those creations blossomed into life, bright and vivid, filling every corner with light.

As the years passed, Oliver grew older, but he never stopped painting. His gift remained with him, and every night, he would visit the dream world, where his paintings lived and breathed. And in the real world, his art began to inspire those around him—reminding them of the power of imagination, the importance of hope, and the magic that dreams could bring.

Der Junge, der Träume Malen Konnte

Es war einmal ein kleiner, ruhiger Ort, eingebettet zwischen sanften Hügeln und flüsternden Bäumen. Dort lebte ein Junge namens Oliver. Er war nicht wie die meisten Kinder, die ihre Tage damit verbrachten, durch die Felder zu rennen oder auf Bäume zu klettern. Oliver saß lieber auf dem Boden seines Zimmers, umgeben von Farbgläsern und einer leeren Leinwand, wo er stundenlang in seiner eigenen Welt verloren war, während er malte. Sein Pinsel tanzte mit lebhaften Farben, schwirrenden Blautönen, strahlendem Gelb und tiefem Grün, die zu leben schienen.

Oliver hatte schon immer eine Leidenschaft für das Malen. Doch eines Nachts geschah etwas Magisches – etwas, das sein Leben für immer verändern sollte.

Es begann alles mit einem Traum.

Eines Abends, nachdem er ein Bild eines prächtigen goldenen Baumes mit schimmernden Blättern fertiggestellt hatte, kletterte Oliver ins Bett, sein Geist noch erfüllt von den Farben seiner neuesten Kreation. Kaum war er eingeschlafen, fand er sich inmitten eines weiten, traumhaften Waldes wieder. Er schaute staunend umher – dort, hoch über ihm, stand der goldene Baum, den er am Tag zuvor gemalt hatte. Seine Blätter raschelten sanft im Wind und leuchteten in einem warmen, sanften Licht.

„Das... das ist unmöglich", flüsterte Oliver, als er nach einem der leuchtenden Äste griff. Aber es war überhaupt nicht unmöglich. Sein Bild war zum Leben erwacht, genau hier in seinem Traum.

Während Oliver durch den Traumwald wanderte, bemerkte er etwas noch Seltsameres. Jedes Bild, das er jemals gemalt hatte – jede Landschaft, jedes Wesen, jede fantasievolle Figur – war lebendig und bewegte sich um ihn herum. Die Kreaturen, die er einst als unbewegliche Kritzeleien skizziert hatte, flitzten jetzt an ihm vorbei, und die Landschaften, die er in Existenz gebürstet hatte, erstreckten sich endlos und wild vor ihm.

Plötzlich ertönte eine sanfte Stimme hinter ihm.

„Willkommen, Oliver."

Er drehte sich um und sah eine Gestalt aus den Schatten des Waldes hervortreten. Es war ein junges Mädchen mit fließendem silbernen Haar und einem freundlichen Lächeln. Sie schien ihm bekannt vorzukommen, und Oliver erkannte schnell warum – sie war eine der Figuren, die er vor Monaten gemalt hatte, ein Wesen, das in einer Welt voller Wasserfälle und leuchtender Blumen lebte.

„Wer bist du?" fragte Oliver, obwohl er es bereits wusste.

Das Mädchen lächelte sanft. „Ich bin Liora, aus dem Land der leuchtenden Blumen. Du hast mich gemalt, erinnerst du dich?"

Oliver nickte, immer noch voller Staunen. „Aber wie ist das möglich? Wie kannst du hier sein?"

Liora trat näher, ihr silbernes Haar schimmerte wie das Mondlicht. „Alles, was du malst, wird in dieser Traumwelt lebendig. Deine Vorstellungskraft hat ihm Form gegeben, und deine Träume haben ihm einen Ort zum Existieren gegeben."

Olivers Herz schlug vor Aufregung schneller. Er hatte immer von Welten jenseits seiner eigenen geträumt, aber zu denken, dass sie in seinen Träumen lebendig und atmend waren, war mehr, als er je gehofft hatte.

„Komm mit mir", sagte Liora und hielt ihm ihre Hand hin. „Es gibt etwas, das ich dir zeigen möchte."

Gemeinsam gingen sie durch den leuchtenden Wald, bis sie einen Hügel erreichten, der über ein Tal blickte. Oliver schnappte nach Luft vor Staunen. Unter ihnen erstreckte sich eine prächtige Landschaft – ein Flickenteppich aus jeder Welt, die er jemals gemalt hatte. Da waren hohe Berge, die mit Schnee bedeckt waren, kristallklare Seen, die wie Glas schimmerten, Blumenfelder, die vor Leben zu summen schienen, und Himmel, die mit den sanftesten Tönen von Rosa und Lavendel gemalt waren.

„Das ist deine Welt, Oliver", sagte Liora sanft. „Eine Welt, geboren aus deiner Vorstellungskraft. Sie existiert wegen dir."

Oliver starrte auf den atemberaubenden Anblick, sein Geist wirbelte mit Möglichkeiten. Doch dann überkam ihn ein Gedanke – eine Sorge, die an seinem Herzen zerrte.

„Was, wenn ich etwas Schlechtes male?" fragte er leise. „Etwas Beängstigendes oder Gefährliches?"

Liora wandte sich ihm zu, ihr Ausdruck sanft, aber ernst. „Träume sind mächtig, Oliver. Sie können sowohl Hoffnung als auch Angst bringen. Aber du bist der Maler, und du entscheidest, was du erschaffst. Du hast die Macht, diese Welt zu gestalten, zum Guten oder zum Schlechten."

Oliver dachte einen langen Moment darüber nach. Er hatte immer fröhliche Dinge gemalt – strahlend blaue Himmel, freundliche Tiere, friedliche Landschaften. Aber jetzt, wo er wusste, dass seine Kreationen lebendig werden konnten, fühlte sich die Verantwortung viel schwerer an.

Liora musste seine Zögerlichkeit gespürt haben, denn sie legte eine Hand auf seine Schulter. „Die Welt, die du hier malst, kann anderen Hoffnung bringen, so wie sie mir Hoffnung gegeben hat. Fürchte dich nicht vor deiner Vorstellungskraft. Nutze sie, um zu träumen, zu erschaffen und zu teilen."

In jener Nacht, als Oliver aus seinem Traum erwachte, fühlte er sich anders. Irgendwie leichter, als hätte er etwas Wichtiges über sich selbst entdeckt. Er verbrachte den ganzen Tag mit Malen, aber diesmal mit einem neuen Sinn für Zweck. Er malte ein Schiff mit leuchtend wehenden Segeln, ein friedliches Dorf am Meer und einen Himmel voller Sterne, die so hell leuchteten, dass sie wie Diamanten aussahen, die über den Himmel verstreut waren.

Und jede Nacht, wenn Oliver seine Augen schloss und in den Schlaf driftete, fand er sich wieder in dieser Welt, segelte über das Traummeer in seinem gemalten Schiff und traf auf Figuren, die er einst nur erträumt hatte. Da war Max, der gutherzige Bär aus dem Wald der hohen Bäume, und Fira, die winzige Glühwürmchen, die ihn durch dunkle Höhlen führte. Gemeinsam erkundeten sie die Länder, die er geschaffen hatte, und jede Reise brachte neue Entdeckungen.

Eines Abends, während er durch die Wolken auf einem Schiff aus Sternen segelte, traf Oliver jemanden Neuen. Er war eine große, schlaksige Figur mit Augen, die wie der Nachthimmel funkelten. Sein Name war Alder, und er war der Wächter der Traumwelt.

„Ich habe dich beobachtet, Oliver", sagte Alder mit einem wissenden Lächeln. „Deine Bilder haben vielen dunklen Ecken dieser Welt Licht gebracht. Aber es gibt noch mehr zu tun."

Oliver neigte neugierig den Kopf. „Was meinst du?"

Alder deutete auf den Horizont, wo entfernte Berge aufragten. „Es gibt Teile dieser Welt, die noch unvollendet sind – Orte, die deine Vorstellungskraft brauchen, um zum Leben zu erwachen. Du hast ein

Geschenk, Oliver. Ein Geschenk, das nicht nur dieser Traumwelt, sondern auch anderen Hoffnung bringen kann."

Oliver dachte einen Moment nach. Er hatte immer für sich selbst gemalt, für die Freude, etwas Schönes zu erschaffen. Aber jetzt erkannte er, dass seine Bilder mehr tun konnten, als nur zu existieren – sie konnten inspirieren, Freude bringen und Hoffnung für diejenigen bieten, die sie benötigten.

Mit Alders Worten im Hinterkopf kehrte Oliver am nächsten Morgen zu seiner Leinwand zurück, entschlossen, nicht nur für sich selbst zu malen, sondern auch für andere. Er malte Welten voller Freundlichkeit, Mut und Wunder. Er malte Himmel, die bis ins Unendliche reichten, und Wege, die zu Orten führten, an denen alles möglich war.

Und in der Traumwelt blühten diese Kreationen lebendig und strahlend auf und füllten jede Ecke mit Licht.

Im Laufe der Jahre wurde Oliver älter, aber er hörte niemals auf zu malen. Sein Geschenk blieb bei ihm, und jede Nacht besuchte er die Traumwelt, wo seine Bilder lebendig und atmend waren. Und in der realen Welt begann seine Kunst, die Menschen um ihn herum zu inspirieren – sie erinnerte sie an die Kraft der Vorstellungskraft, die Bedeutung der Hoffnung und die Magie, die Träume bringen konnten.

The Gentle Whisper of the Willow

In a serene village nestled among rolling hills and blooming wildflowers, there lived a little girl named Maya. With sparkling blue eyes and hair that danced like the wind, Maya loved to wander through the meadows, picking daisies and listening to the rustling leaves. But despite her love for nature, she often felt lost in her thoughts, struggling to express her feelings and connect with the world around her.

One sunny afternoon, as Maya roamed through a sun-dappled meadow, she stumbled upon an ancient willow tree. Its long, drooping branches swayed gracefully in the breeze, creating a serene curtain of green. The tree seemed to beckon her closer, inviting her to sit beneath its wide, protective canopy.

As Maya settled onto the soft grass, something magical happened. "Hello, dear one," whispered a gentle voice. Maya's heart raced. Who could it be? She looked around but saw no one. Then she realized it was the willow itself! "I am Willa, the Willow," it said softly, its branches dancing as if to emphasize its words.

Maya's eyes widened in wonder. "You can talk?" she gasped, a mix of awe and disbelief washing over her.

"Of course," Willa replied, her leaves rustling like laughter. "I have been here for many years, listening to the stories of all the creatures that visit me. Would you like to hear some?"

Maya nodded eagerly, feeling her heart flutter with excitement.

"Once upon a time," Willa began, "there was a brave little rabbit named Benny who wanted to explore the world beyond the meadow." As Willa spun tales of Benny's adventures, Maya felt as if she were right there beside him, her imagination painting vibrant pictures in her mind.

With each story, Willa shared whispers of the universe—secrets about listening to one another, the importance of kindness, and the beauty of understanding oneself. Maya listened intently, soaking up every word, feeling a warmth grow inside her.

Over the following weeks, Maya visited Willa every day, eager to learn and share her own thoughts. "Why do I find it so hard to express what I feel?" she confessed one afternoon, her voice trembling.

"Ah, my dear," Willa replied, her branches swaying gently. "Sometimes, we need to find our own way to express our emotions. Painting can be a beautiful language."

Inspired by Willa's encouragement, Maya decided to paint the stories they shared—of Benny the rabbit, Olivia the wise old owl, and Felix the adventurous fox. Each stroke of her brush felt like a little whisper of her heart, capturing the essence of the creatures' lives and the lessons they imparted.

As her paintings filled with color and life, Maya began to feel a change within herself. She gained confidence in sharing her art with others, her voice becoming stronger with each brushstroke. The villagers marveled at her work, and Maya found joy in their smiles and praise.

However, one day, a cloud of doubt loomed over her. "What if my paintings aren't good enough?" she fretted, her heart heavy with worry. "What if no one likes them?"

Sensing her sadness, Willa's branches wrapped around her like a warm embrace. "Listen, dear one. The value of your art lies not in how others see it, but in how it helps you express yourself. Trust your heart."

Maya closed her eyes, letting Willa's words wash over her. With newfound determination, she painted a mural on the village square, depicting the stories she cherished—the brave rabbit, the wise owl, and the adventurous fox.

When the villagers gathered to see her mural, Maya felt her heart race with excitement and fear. But as they looked at her art, their faces lit up with joy. "This is beautiful, Maya!" a little boy exclaimed. "You've captured the magic of our meadow!"

In that moment, Maya realized that sharing her stories through art was not just about her voice; it was about bringing everyone together, celebrating their shared experiences.

With Willa's guidance, Maya learned to embrace her feelings, express herself creatively, and connect with others. She discovered that even the smallest whispers could carry the most profound truths.

From that day forward, the village flourished with creativity and kindness, all thanks to a little girl and a wise old willow who taught her the beauty of imagination and the power of dreams.

And whenever Maya felt lost in her thoughts, she would return to Willa, knowing that the gentle whisper of the willow would always guide her home.

Das sanfte Flüstern der Weide

In einem ruhigen Dorf, eingebettet zwischen sanften Hügeln und blühenden Wildblumen, lebte ein kleines Mädchen namens Maya. Mit funkelnden blauen Augen und Haaren, die wie der Wind tanzten, liebte Maya es, durch die Wiesen zu streifen, Gänseblümchen zu pflücken und dem Rascheln der Blätter zuzuhören. Doch trotz ihrer Liebe zur Natur fühlte sie sich oft in ihren Gedanken verloren, kämpfte darum, ihre Gefühle auszudrücken und mit der Welt um sie herum in Kontakt zu treten.

Eines sonnigen Nachmittags, während Maya durch eine von Sonnenstrahlen durchflutete Wiese wanderte, stieß sie auf einen alten Weidenbaum. Seine langen, herabhängenden Äste schwankten elegant im Wind und schufen einen ruhigen Vorhang aus Grün. Der Baum schien sie näher zu rufen und lud sie ein, sich unter sein weites, schützendes Blätterdach zu setzen.

Als Maya sich auf das weiche Gras setzte, geschah etwas Magisches. „Hallo, liebe Seele", flüsterte eine sanfte Stimme. Mayas Herz schlug schneller. Wer könnte das sein? Sie schaute sich um, sah aber niemanden. Dann erkannte sie, dass es die Weide selbst war! „Ich bin Willa, die Weide", sagte sie leise, während ihre Äste zu tanzen schienen, als würden sie ihre Worte betonen.

Mayas Augen weiteten sich vor Staunen. „Du kannst sprechen?" hauchte sie, eine Mischung aus Ehrfurcht und Unglauben überkam sie.

„Natürlich", antwortete Willa, während ihre Blätter wie Lachen raschelten. „Ich bin schon viele Jahre hier und höre den Geschichten aller Kreaturen zu, die mich besuchen. Möchtest du einige hören?"

Maya nickte begeistert, während ihr Herz vor Aufregung hüpfte.

„Es war einmal", begann Willa, „ein mutiger kleiner Hase namens Benny, der die Welt jenseits der Wiese erkunden wollte." Während Willa die Geschichten von Bennys Abenteuern erzählte, fühlte Maya sich, als wäre sie direkt neben ihm, ihre Vorstellungskraft malte lebendige Bilder in ihrem Kopf.

Mit jeder Geschichte teilte Willa Flüstern des Universums—Geheimnisse über das Zuhören, die Bedeutung von Freundlichkeit und die Schönheit, sich selbst zu verstehen. Maya hörte aufmerksam zu, sog jedes Wort auf und fühlte eine Wärme in sich wachsen.

In den folgenden Wochen besuchte Maya Willa jeden Tag, neugierig darauf, mehr zu lernen und ihre eigenen Gedanken zu teilen. „Warum fällt es mir so schwer, auszudrücken, was ich fühle?" gestand sie eines Nachmittags, ihre Stimme zitterte.

„Ah, meine Liebe", antwortete Willa, während sich ihre Äste sanft wiegten. „Manchmal müssen wir unseren eigenen Weg finden, um unsere Emotionen auszudrücken. Malen kann eine schöne Sprache sein."

Inspiriert von Willas Ermutigung beschloss Maya, die Geschichten, die sie teilten, zu malen—von Benny dem Hasen, Olivia der weisen alten Eule und Felix dem abenteuerlustigen Fuchs. Jeder Pinselstrich fühlte sich wie ein kleines Flüstern ihres Herzens an, das das Wesen des Lebens der Kreaturen und die Lektionen, die sie vermittelten, einfing.

Während ihre Bilder mit Farbe und Leben gefüllt wurden, begann Maya, eine Veränderung in sich zu spüren. Sie gewann das Vertrauen, ihre Kunst mit anderen zu teilen, ihre Stimme wurde mit jedem Pinselstrich stärker. Die Dorfbewohner waren von ihrer Arbeit begeistert, und Maya fand Freude in ihren Lächeln und ihrem Lob.

Doch eines Tages schwebte eine Wolke des Zweifels über ihr. „Was, wenn meine Bilder nicht gut genug sind?" sorgte sie sich, ihr Herz war schwer vor Sorge. „Was, wenn es niemandem gefällt?"

Willa spürte ihre Traurigkeit, und ihre Äste umschlangen sie wie eine warme Umarmung. „Hör zu, liebe Seele. Der Wert deiner Kunst liegt nicht darin, wie andere sie sehen, sondern darin, wie sie dir hilft, dich auszudrücken. Vertraue deinem Herzen."

Maya schloss die Augen und ließ Willas Worte über sich ergehen. Mit neuem Entschluss malte sie ein Wandbild auf dem Dorfplatz, das die Geschichten darstellte, die sie liebte—der mutige Hase, die weise Eule und der abenteuerlustige Fuchs.

Als die Dorfbewohner sich versammelten, um ihr Wandbild zu sehen, fühlte Maya, wie ihr Herz vor Aufregung und Angst raste. Doch als sie ihre Kunst betrachteten, leuchteten ihre Gesichter vor Freude. „Das ist wunderschön, Maya!" rief ein kleiner Junge. „Du hast die Magie unserer Wiese eingefangen!"

In diesem Moment erkannte Maya, dass das Teilen ihrer Geschichten durch Kunst nicht nur um ihre Stimme ging; es ging darum, alle zusammenzubringen und ihre gemeinsamen Erfahrungen zu feiern.

Mit Willas Führung lernte Maya, ihre Gefühle zu umarmen, sich kreativ auszudrücken und mit anderen in Kontakt zu treten. Sie entdeckte, dass selbst die kleinsten Flüstern die tiefsten Wahrheiten tragen konnten.

Von diesem Tag an blühte das Dorf in Kreativität und Freundlichkeit, dank eines kleinen Mädchens und einer weisen alten Weide, die ihr die Schönheit der Vorstellungskraft und die Kraft der Träume lehrte.

Und immer wenn Maya sich in ihren Gedanken verloren fühlte, kehrte sie zu Willa zurück, wissend, dass das sanfte Flüstern der Weide sie immer nach Hause führen würde.

The Lost Feather

In a peaceful village, surrounded by fields of colorful tulips, lived a curious young boy named Theo. He was known for his adventurous spirit, always wandering through the meadows and woods, finding little treasures along the way. His favorite pastime was collecting these treasures—shiny stones, dried flowers, and feathers from the birds that flew overhead. His collection was his pride and joy, and he would spend hours admiring the variety of feathers he had gathered.

One bright and breezy morning, Theo set out to his favorite meadow, a place where he felt free and full of wonder. As he walked through the tall grass, something caught his eye. Lying on the ground, shimmering in the sunlight, was a feather unlike any he had ever seen. It was glowing softly, with a delicate golden hue that seemed to pulse with magic. Theo's heart raced with excitement as he picked it up, feeling its warmth in his hand.

"This must belong to a very special bird," he whispered to himself, gazing at the feather in awe.

But which bird? He had never seen one with feathers like this. Curiosity swirled in his mind, and he knew he had to find the feather's owner. Maybe, just maybe, it would lead him to something extraordinary.

Theo began his quest by heading to the edge of the forest, where the old wise owl lived. The owl was known for its knowledge of the woods and all the creatures that lived within it.

"Good morning, Mr. Owl," Theo called up to the tree where the owl perched. "I found this feather in the meadow. Do you know which bird it belongs to?"

The owl blinked slowly and adjusted its spectacles. "Hmm," it hooted, taking a long look at the glowing feather. "I've never seen such a feather in all my years. It's not from any bird I know. But why don't you ask the robin? She's always singing about the comings and goings of creatures."

Theo thanked the owl and hurried off to find the robin, who was perched on a branch nearby, chirping happily in the early morning light.

"Hello, Robin!" Theo said cheerfully. "I found this feather, and I'm trying to find its owner. Do you know where it came from?"

The robin tilted her head and fluttered her wings. "Oh, dear Theo, I've seen many feathers, but none that glow like this! It's quite extraordinary. Perhaps the shy deer in the glade might know. She's always listening to the whispers of the forest."

Off Theo went again, deeper into the woods, until he found the shy deer grazing near a quiet stream. The deer looked up as Theo approached, her gentle eyes meeting his.

"Hello, Deer," Theo said softly, not wanting to startle her. "I found this glowing feather, and I'm trying to return it to its owner. Do you know who it belongs to?"

The deer gazed at the feather, her ears twitching. "I've never seen such a feather before," she said quietly. "But I've heard stories—stories of a magical bird that lives far deeper in the forest, beyond the trees and into a hidden glade. Perhaps it's from the phoenix, the bird of legends."

Theo's eyes widened in surprise. A phoenix? He had heard of the mystical bird, but he had never imagined it could be real.

Thanking the deer, Theo ventured further into the forest, following her directions. The trees grew taller and denser, and soon he found himself in a part of the woods he had never been before. It was quiet, except for the rustling of leaves underfoot. After walking for what seemed like hours, Theo stumbled upon a hidden glade, bathed in a soft, golden light.

And there, in the center of the glade, stood the most magnificent bird Theo had ever seen—the phoenix. Its feathers glowed with the same golden light as the feather in Theo's hand, and its eyes sparkled with ancient wisdom.

The phoenix looked down at Theo with a warm, knowing gaze. "You've found my missing feather, haven't you?" it asked in a voice as soft as the wind.

Theo nodded, his heart pounding. "Yes, I found it in the meadow. I didn't know it was yours, but I wanted to return it."

The phoenix smiled, a graceful and radiant expression. "You've shown great kindness, Theo, in returning something that could have been a treasure for yourself. But the greatest treasures are those that we share, not those we keep."

Theo's heart swelled with warmth as the phoenix extended a wing. "As a thank you for your kindness, I offer you a gift," the phoenix said. "Whenever you feel lost or unsure, hold this feather, and it will guide you home."

Theo handed back the glowing feather, and in return, the phoenix gave him a single, smaller feather—just as beautiful, but not glowing. Theo tucked it into his pocket, knowing it held a special kind of magic.

With a grateful heart, Theo left the glade, feeling lighter than ever. As he returned home, he realized that sometimes, the true treasure wasn't what he could add to his collection, but the experiences and kindness he could share with others.

From that day on, Theo continued his adventures with a new sense of wonder. And though his collection of treasures grew, it was the small feather in his pocket that reminded him of the most important lesson he had ever learned—kindness and selflessness are the greatest treasures of all.

And whenever Theo felt lost, he would hold the phoenix's feather, and it would always lead him back to where he belonged.

Die Verlorene Feder

In einem friedlichen Dorf, umgeben von farbenfrohen Tulpenfeldern, lebte ein neugieriger Junge namens Theo. Er war bekannt für seinen abenteuerlichen Geist und wanderte oft durch die Wiesen und Wälder, auf der Suche nach kleinen Schätzen. Seine liebste Beschäftigung war das Sammeln dieser Schätze—glänzende Steine, getrocknete Blumen und Federn von Vögeln, die über ihm hinwegflogen. Seine Sammlung war sein ganzer Stolz, und er konnte Stunden damit verbringen, die Vielfalt der Federn zu bewundern, die er gesammelt hatte.

An einem hellen, windigen Morgen machte sich Theo auf den Weg zu seiner Lieblingswiese, einem Ort, an dem er sich frei und voller Wunder fühlte. Als er durch das hohe Gras ging, fiel ihm etwas ins Auge. Auf dem Boden lag eine Feder, die im Sonnenlicht schimmerte—eine Feder, wie er sie noch nie zuvor gesehen hatte. Sie glühte sanft mit einem zarten goldenen Schimmer, der fast magisch pulsierte. Theos Herz klopfte vor Aufregung, als er die Feder aufhob und ihre Wärme in seiner Hand spürte.

„Das muss zu einem ganz besonderen Vogel gehören", flüsterte er, während er die Feder ehrfürchtig betrachtete.

Aber welcher Vogel? Er hatte noch nie einen mit solch leuchtenden Federn gesehen. Neugier stieg in ihm auf, und er wusste, dass er den Besitzer dieser Feder finden musste. Vielleicht, nur vielleicht, würde ihn diese Suche zu etwas Außergewöhnlichem führen.

Theo begann seine Suche am Waldrand, wo die alte, weise Eule lebte. Die Eule war für ihr Wissen über den Wald und all seine Kreaturen bekannt.

„Guten Morgen, Herr Eule", rief Theo hinauf zu dem Baum, auf dem die Eule saß. „Ich habe diese Feder auf der Wiese gefunden. Weißt du, zu welchem Vogel sie gehört?"

Die Eule blinzelte langsam und rückte ihre Brille zurecht. „Hmm", krächzte sie und betrachtete die leuchtende Feder genau. „So eine Feder habe ich in all meinen Jahren noch nie gesehen. Sie gehört zu keinem Vogel, den ich kenne. Aber frag doch mal das Rotkehlchen. Sie singt immer von den Bewegungen der Tiere."

Theo bedankte sich bei der Eule und machte sich auf den Weg, das Rotkehlchen zu suchen, das auf einem nahen Ast saß und fröhlich in den frühen Morgen zwitscherte.

„Hallo, Rotkehlchen!" rief Theo fröhlich. „Ich habe diese Feder gefunden und versuche, ihren Besitzer zu finden. Weißt du, woher sie stammt?"

Das Rotkehlchen legte den Kopf schief und flatterte mit den Flügeln. „Oh, lieber Theo, ich habe viele Federn gesehen, aber keine, die so leuchtet wie diese! Sie ist wirklich außergewöhnlich. Vielleicht weiß das schüchterne Reh in der Lichtung mehr. Es hört immer auf die geheimen Geräusche des Waldes."

Und so zog Theo weiter, tiefer in den Wald, bis er das scheue Reh fand, das friedlich an einem ruhigen Bach graste. Das Reh hob den Kopf, als Theo sich näherte, und ihre sanften Augen trafen sich.

„Hallo, Reh", sagte Theo leise, um es nicht zu erschrecken. „Ich habe diese leuchtende Feder gefunden und möchte sie ihrem Besitzer zurückgeben. Weißt du, wem sie gehört?"

Das Reh betrachtete die Feder, während seine Ohren zuckten. „So eine Feder habe ich noch nie gesehen", sagte es leise. „Aber ich habe Geschichten gehört—Geschichten von einem magischen Vogel, der tief im Wald lebt, jenseits der Bäume in einer verborgenen Lichtung. Vielleicht gehört die Feder zum Phönix, dem legendären Vogel."

Theos Augen weiteten sich vor Überraschung. Ein Phönix? Er hatte von diesem mystischen Vogel gehört, aber er hätte nie gedacht, dass er wirklich existieren könnte.

Theo dankte dem Reh und machte sich auf den Weg, den Anweisungen folgend. Die Bäume wurden höher und dichter, und bald fand er sich in einem Teil des Waldes wieder, den er noch nie zuvor betreten hatte. Es war still, abgesehen vom Rascheln der Blätter unter seinen Füßen. Nachdem er stundenlang gegangen war, stolperte Theo in eine verborgene Lichtung, die in ein weiches, goldenes Licht getaucht war.

Und dort, in der Mitte der Lichtung, stand der prächtigste Vogel, den Theo je gesehen hatte—der Phönix. Seine Federn leuchteten in dem gleichen goldenen Glanz wie die Feder in Theos Hand, und seine Augen funkelten voller alter Weisheit.

Der Phönix blickte auf Theo herab, mit einem warmen, wissenden Blick. „Du hast meine verlorene Feder gefunden, nicht wahr?" fragte der Vogel mit einer Stimme, die so sanft wie der Wind war.

Theo nickte, sein Herz klopfte heftig. „Ja, ich habe sie auf der Wiese gefunden. Ich wusste nicht, dass sie dir gehört, aber ich wollte sie zurückbringen."

Der Phönix lächelte, ein gütiges und strahlendes Lächeln. „Du hast große Freundlichkeit gezeigt, Theo, indem du etwas zurückbringst, das für dich ein Schatz hätte sein können. Doch die größten Schätze sind die, die wir teilen, nicht die, die wir behalten."

Theos Herz füllte sich mit Wärme, als der Phönix einen Flügel ausstreckte. „Als Dank für deine Güte möchte ich dir ein Geschenk machen", sagte der Phönix. „Wann immer du dich verloren oder unsicher fühlst, halte diese Feder, und sie wird dir den Weg nach Hause zeigen."

Theo gab die leuchtende Feder zurück, und im Gegenzug gab der Phönix ihm eine kleinere, aber ebenso schöne Feder—diesmal ohne das Leuchten. Theo steckte sie in seine Tasche und wusste, dass sie eine besondere Art von Magie in sich trug.

Mit einem dankbaren Herzen verließ Theo die Lichtung, fühlte sich leichter als je zuvor. Auf dem Weg nach Hause erkannte er, dass wahre Schätze nicht immer das sind, was man sammelt, sondern die Erlebnisse und die Freundlichkeit, die man mit anderen teilt.

Von diesem Tag an setzte Theo seine Abenteuer mit einem neuen Gefühl des Staunens fort. Und obwohl seine Sammlung von Schätzen wuchs, erinnerte ihn die kleine Feder in seiner Tasche an die wichtigste Lektion, die er je gelernt hatte—Freundlichkeit und Selbstlosigkeit sind die größten Schätze von allen.

Und wann immer Theo sich verloren fühlte, hielt er die Feder des Phönix, und sie führte ihn immer zurück nach Hause.

9 798227 457615